Auch ich, auch du
Aufzeichnungen eines Irren

Hans Siemsen

Alpha Editions

This edition published in 2022

ISBN : 9789356780491

Design and Setting By
Alpha Editions
www.alphaedis.com
Email - info@alphaedis.com

I.

Es ist hier nicht alles, wie ich es mir wünschte. Am Tor steht der Kaiser, der läßt uns nicht hinaus. Er trägt einen roten Rock und läßt mich nicht hinaus, wenn ich mir ein Brieflein kaufen will. Er erzählt auch nichts und macht ein großes Gitter, damit wir uns nicht mit den Damen unterhalten, die draußen vorbeipromenieren mit ihren geputzten Kindern. Er macht das Gitter auf und zu.

Aber gestern hat mir die Mariandjei dies Büchlein gegeben. Recht handlich zum schreiben. Da will ich nun beginnen:

DIE GROSSE RECHTFERTIGUNG.

Das wäre vielleicht nicht einmal so schwierig. Es wäre vielleicht alles noch in Ordnung zu bringen.

Ich bin nur leider nicht mehr ganz bei Trost. Ja, Trost fehlt mir. Jeder hat den seinen. Aber für mich ist wohl keiner mehr übrig geblieben?

Ich hätte nur gerne einmal alles recht klar. Solange ich selbst noch etwas davon weiß. Weil ich der Einzige bin, der etwas weiß. Jeder glaubt, etwas zu wissen. Ich allein weiß wirklich etwas.

Ohne mich rühmen zu wollen! Ach! Wen habe ich nun schon wieder beleidigt? Ich bitte um Entschuldigung! Ich beeile mich, um Entschuldigung zu bitten.

Ich weiß natürlich sehr wohl, daß ich nichts weiß. — Obwohl das nun wiederum auch wohl vielleicht nicht ganz richtig ist, denn: Nichts ist ja wohl nichts. Jedoch: Nichts wissen, das ist schon viel.

Sie denken vielleicht, ich treibe Scherz? Ich spiele ein wenig Sokrates? Aber das liegt mir fern. Liegt mir völlig fern. Hören Sie nur noch einen Augenblick zu, lesen Sie nur noch ein wenig weiter! Ich werde sogleich das Richtige sagen.

Wenn ich einmal, angenommen, wie man so sagt, nichts weiß, ja, was weiß ich denn dann? Es muß doch etwas sein. Wie könnte ich es sonst nicht wissen? Nichts zu wissen, muß doch etwas sein. Nur etwas. Nur ein wenig. Das ist aber nicht zu unterschätzen! Das ist sogar gewiß sehr wichtig, außerordentlich wichtig, dieses Nichts. Ich möchte sogar behaupten, es ist „die Ursache!“

„Im Anfang schuf Gott Himmel und Erde.“ So etwa könnte man sich die Sache vorstellen. So etwa könnte man geradezu behaupten: „Nichts“ war die Ursache der Angelegenheit.

Aber Sie lächeln schon wieder, meine Dame. Sie lächeln bereits über mich, über den „Bajazzo“. Nun, wie Sie wollen! Bitte, ruhig zu lächeln. „Lache, Bajazzo! Und schminke Dein Antlitz!“ Vielleicht ein wenig Gesang gefällig? Vielleicht könnte man ein Lied anstimmen?

Ich bemühe mich, Ihnen zu gefallen, wie Sie sehen. Ich bemühe mich um Ihre Gunst. Ganz einfach gesprochen: Ich möchte Sie herzlich bitten, mir Gehör zu schenken. Ihr Ohr zu leihen, sozusagen.

Und, wenn ich bitten darf, ein wenig Vertrauen! Vertrauen ist es, worum ich bitte. Ich betrachte es als von Gott. Eine Gabe vom Himmel. Ohne Ansehen der Person. Aber kein Almosen! Nichts von Verführung! Leere Hände, gilt es, zu behalten.

Jedoch! Jedennoch! So komme ich nicht zum Ziel. Es ist schon alles wieder verdorben. Ich sehe, ich bin bereits wieder verloren: Habe mich hinreißen lassen, rede und rede.

Die Götzen glänzen mit ihren Perlen. Ihre Haare triefen von Fett und Öl. Ich aber sage Euch: Gottes Bild ist nicht unter ihnen!

Bin aber selbst der schuldige Teil. Ich gebe mir alle Mühe. Ich möchte alles Mögliche tun. Habe bereits auf alle Weise versucht, glücklich zu sein. Aber vergeblich.

Obwohl hier von Glück nicht die Rede sein kann. Wollte um etwas anderes bitten. Was ich benötige ist Vertrauen. Jeder Gott benötigt Vertrauen. Glauben sozusagen. Glaubwürdigkeit. (Jetzt aber hören Sie einmal mein Herz! Es schlägt. Es kichert. Es lacht sich eins. Weil ich da eben „Gott“ erwähnte. Scheinbar so nebenbei erwähnte: „Jeder Gott benötigt Vertrauen.“ Jeder.

Nun, wollen abwarten. Werden schon sehen!)

Aber hier beginnt nun bereits mein Unglück. Abgesehen von Schuld und Unschuld, beginnt hier nun bereits mein Leidensweg: Es kann ja nicht länger verborgen bleiben: Bin leider so wenig vertrauenerweckend.

Ja, unzweifelhaft: Ich errege Gelächter. Man lacht über mich. Und niemand glaubt mir.

Ich bitte aber eines bemerken zu dürfen. Gelächter steckt an. — Vielleicht würden sonst doch nicht alle lachen. Vielleicht wenn Sie es unterließen, zu lachen, würde ich weniger lächerlich erscheinen. Vielleicht, daß sich dann doch einer fände. Vielleicht fände sich dann doch jemand, der an mich glaubt, der an mich glauben möchte?

Ich bitte darum. Ich bitte ergebenst, nicht lachen zu wollen!

Werde aber trotzdem lieber gehen! Werde gehen! Bemühen Sie sich nicht weiter! Lachen Sie getrost!

II.

Ich werde in den Wald gehen, in den Sterbewald. Zwischen den Büschen unsichtbar verschwinden. Ich werde mich beeilen, zu verschwinden, zu verschweigen. Ich werde mich verschweigen im Wald. In den Büschen will ich mich verzweigen. Pst! Bitte nicht darüber zu reden!

Als er in den Wald gekommen war, fing die Nacht an! Als die Nacht gekommen war, fing der Mond an. Hörten die Sterne auf zu singen und die Schlange sprach: „Du hast mir noch immer nicht den Kopf zertreten. Aber ich habe Dich in die Ferse gestochen.“

III.

Werde nun sogleich mit der Erzählung beginnen. Werde mich vorstellen, mit Verlaub:

Mein Name ist: Tot.

Überlegen Sie wohl die Bedeutung dieses Namens! Ich bin tot. Ich habe mich erschlagen.

Glauben Sie, daß es Gelächter erregt? Ich denke: Man wird darüber reden. Leicht möglich, daß ich auf diese Weise Eingang fände. In Kreise vielleicht, in Zirkel, Klubs, Geselligkeit?

Allerdings, meine Hände! Sind leider wohl nicht rein genug? Zwar leer. Ich habe leere Hände. Habe immer darauf Wert gelegt. Aber nicht rein! Habe wohl verabsäumt, sie zu waschen.

Hier wäscht sich alles fein und säuberlich. Eine Hand wäscht hier die andere. Mit Geld und guten Worten und so weiter.

Ich habe statt dessen einen seltenen Namen. „Tot." Herr von Tot.

Aber, um immer ehrlich zu bleiben: Mein eigentlicher Name ist das nicht. Vom Wind verweht. In die Sterne gestreut.

Namenlos bin ich genannt.

Namenlos irr ich von Land zu Land.

Namenlos elend.

Namenlos tot.

Einmal hatte ich einen Namen. Wie lange ist das her?

Weiß Gott! Wie oft bin ich seit dem gestorben!

IV.

Ich gebe mir alle Mühe, mich zu ordnen, meine Verwirrung zu ordnen, meine Verirrung. Hören wir also den Tatbestand!

„Zwei Uhr dreißig Schleichpatrouille. Die neunte Kompagnie stellt hierzu einen Unteroffizier, vier Mann. Freiwillige vor!" Freiwillig! Ein sehr kühnes Wort. Bitte, Ihre Aufmerksamkeit darauf zu richten! Aus eigenem Antrieb, könnte man sagen. Freiwillig, wie Gott die Welt erschuf! F r e i w i l l i g t r a t i c h v o r.

Weshalb blieb ich nicht freiwillig stehen? Wie gemütlich war doch der Unterstand! Wir hatten Kerzen an jenem Tag. Wir hatten Feuer. Wir hatten geheizt. Wir krochen so mollig in unsere Betten. Nebeneinander. Warm und geborgen. Die kleine Kerze hätte geschienen. Flacker-Schatten hätten sich bewegt. Die stämmigen Stämme, die Balken der Decke! So eng, so niedrig alles, traulich und warm. Viele Frühlingstage wären gefolgt!

Was trieb mich an? Weshalb nur mußte ich alles verlassen?

Und wenn nun ich fein nicht gegangen wäre?

Ein anderer für mich. Ganz einfach! Ein anderer hätte alles erlebt. Was zu erleben war, fertig wie eine Uniform. Fertig waren die Gänge da, die Schritte, das Stolpern, offen lagen die Gräben, die Löcher. Schon hingen die Granaten über uns. Alles bereit. So ging ich hinein.

Des Menschen Wille ist sein Himmelreich. So ging ich in mein Himmelreich.

„Jeder empfängt zehn Handgranaten. Sie gehen Birkenwaldweg! Sie Märchenwald! Sie Adjutantenweg!" Wie hübsch das klingt: „Sie Adjutantenweg!"

Schon klirren die Glocken des Drahtverhaues. Ein Stern steigt zum Himmel und fällt. Ein fernes Maschinengewehr klatscht Beifall. Etwas verfrüht.

Die Beine sind uns vom Winter geschwollen. — Und der Bauch von Läusebissen. Oh nicht sehr repräsentabel stellen wir uns zu diesem Stelldichein. Lichtscheu. Wir kriechen am Boden. Und des Menschen Sohn zertritt uns den Kopf.

Die Leuchtkugeln haben die Sterne verdunkelt. Zwei Uhr dreißig. Wir sind da.

V.

Wie mir doch alles unter den Händen zerfließt! Alles läuft mir so leicht davon, so leichtlich läuft es mir aus der Feder. Als hätte ich meine Freude dran!

So will ich denn ehrlich berichten, wie ich gesündigt habe. Meine Zunge ist so schnell, schnell geworden vom vielen Lügen. Meine Feder gleitet so gleißnerisch. Ich war Literat. Man muß das gestehen. Dagegen scheint kein Kraut gewachsen? Dagegen scheint der Tod nicht viel zu helfen. Diese Gewohnheiten scheinen sich nicht zu verlieren im Tod. Ein Brandmal! Ein Schandmal! Ein Schandmaul! stehe ich da.

HERR v. TOT
Literat.

Ich spielte mit Worten. Ich dichtete umher. So fröhlich gaukelten wir durch die Welt!

Auf Seidenbetten saßen wir gern. Tranken. Musik. Und süßen Wein. Da klingelte oft die Gartentür! „Herein, Ihr liebenswerten Gäste!“ Der Bettler mag vorüber schleichen! Seine verhungerten Tiere im Arm.

Da dichtete es sich süß. Da war es Wollust, zu vergehen. Da schrieben wir auf zärtlichem Papier:

Du goldene Melatyle!

Verwirrter Silberfinkenstrom!

Die schwankenden Gefühle

Entgeistern in den Dom.

Die lieben Nebelfalter

Umschmeicheln meinen Schmeichelsinn.

Bald kommen Tod und Alter.

Welt, nimm mich hin!

Recht gefällig diese Melodie, nicht wahr? Zu gutem Essen und etwas Wein!

VI.

Viel haben die Generäle Schuld.

„Stillgestanden!“? Das ist nicht von Gott.

Aber ist es nicht noch trauriger, währenddessen süß zu tun?

VII.

„Stillgestanden! Augen rechts!“ Rum ta ta, rum ta tata. „Augen gerade — aus!“ „Ich bestrafe den Musketier Roessingh mit drei Tagen Mittelarrest, weil er vor seinem Herrn Major eine nachlässige Ehrenbezeugung gemacht hat. Ich bestrafe den Musketier Tiemann —“

Und wir alle standen dabei, ohne ein Wort zu sagen, ohne zu Hilfe zu eilen.

Ei, wie wurden wir da umhergeschwenkt. In Gruppenkolonne — links schwenkt — marsch! Nach rechts und links und mitten aufmarschiert!

Aber da steht Ihr feinen Damen und seht uns zu und lacht und geht vorüber.

Es lebe der Kaiser! Er verschließt das Gittertor!

Mach es nur zu vor den schönen Damen. Sie sollen nur gehn mit ihren Sonnenschirmen!

Die Mariandjei hat mich eingeschlossen. Ich habe die schönen Damen beleidigt.

VIII.

Es ist so traurig, daß mir niemand hilft! Wie soll ich denn allein die Welt aufbauen? Da habe ich lieber ein Gedicht gemacht.

Ach Gott, ich bin so einsam wie ein Watt

Wie verloren gegangen in Paris-Stadt

Wie ein lange gefangen gehaltener Adler

Und wie ein Gott, der keine Mutter hat.

Das habe ich aber schon mal gemacht.

IX.

Als ich mich zum erstenmal erschlug, war ich achtzehn Jahre alt. Ich war mein Bruder aus Frankreich und hieß Pierre. Wie Kain den Abel habe ich mich erschlagen.

Freiwillig waren wir losmarschiert. Lichtscheu. Am Boden krochen wir. Kein Stacheldraht zerriß mein Herz. Hart gierig lag ich auf der Lauer.

Oh weh! Ihr tapfern Jäger, Ihr kühnen Helden! Ihr lauert dem kleinen Hasen auf. Dem gehetzten Häslein zerbrecht Ihr das Rückgrat und freut Euch hoch über seinem Blut.

Da schlug mein Herz voll Gier, als mein Bruder heran kam, mein französischer Bruder, mein kleiner Peter. Ganz dicht ging er an mir vorüber. Ich freute mich hoch über seinen wehrlosen Rücken. Und kroch ins Dunkle hinter meinem Bruder.

Da fuhr die höllische Leuchtkugel hoch. Da sah er mich an. Da hob er seine Hände. So unschuldig war das Brüderlein!

Ich aber warf die Granate. Ich warf die Granate, während das Brüderlein die Hände hob.

Da hatte ich viel Beifall. Da fuhren die Leuchtkugeln hoch. Da klatschten die Gewehre eifrig Beifall.

Da kroch ich zu dem Brüderlein. Derweil es noch lebte.

Um es zu pflegen, Ihr schönen Damen?

Um mich zu verbergen, Ihr Liebenswerten! Um mich zu verbergen vorm Beifall der Gewehre.

Da hat das Brüderlein mich sehr beschützt! Es weinte, das liebe Kind. „Camarade! Camarade!“ Da trafen ihn all die Kugeln, die mir galten. Da war er ganz still. „Camarade, camarade!“ Da schlugen die Kugeln noch in die Leiche.

X.

Sehr hübsch habe ich das erzählt. Nicht wahr, meine Lieben? So ein wenig poetisch und mit Gefühl. Ohne die werten Ohren zu verletzen? Die zarten Öhrchen, die sanften Seelen?

Bin nämlich Literat. Ein tüchtiges Handwerk! Es dichtet sich so köstlich über Leichen!

Die Mariandjei hat mir verboten zu schreiben. Aber ich weiß den Ort zu finden! Über Abgründen schreibe ich. Über Abgründen!

XI.

Und wenn ich nun nicht gegangen wäre? Wenn ich nun diesen schweren Gang freiwillig n i c h t gegangen wäre?

Ein a n d e r e r für mich! (Bitte, zu erinnern!)

Nun. Also. Endlich! Heraus damit!

Ich bin n i c h t gegangen. Ich blieb zu Hause. E i n a n d e r e r g i n g f ü r m i c h.

Ein anderer ging. Wir hatten es uns bequem gemacht.

Da kam das liebe Peterlein, der deutsche Peter kam, das unschuldige Kindlein, mit einem roten Rock von Blut. Wie dem Kaiser sein Rock, so rot von Blut.

„Ich habe einen erledigt, Mensch.“ (Ja, Mensch! O, Menschlein, höre wohl zu!) „Wir haben einen abgesägt.“

Da saßen wir alle und hatten es n i c h t getan. Da saßen wir alle mit feinen Händen und hatten nicht einmal Wasser für den Peter, für seine kleinen schmutzigen Kinder-, für seine unschuldigen Mörderhände. Er mußte sich selber darauf pissen.

Das hat mir die Mariandjei verboten. Hier haben wir immer Wasser. Oh, so viel Wasser.

Da hat der Peter mir alles erzählt. Da lag er neben mir und hat mir alles erzählt, wie ich es selbst erlebt habe. Oft genug. „Ich habe getötet.“ Mehr hat er nicht erzählt. Ohne ein Wort zu sagen, hat er's erzählt.

Da lagen wir, Brüder, nebeneinander und das Brüderlein draußen lag auch dabei, lag da so schaurig in seinem Blut.

Hört die Stimme des Blutes!

Ich hörte sie nicht.

Ich habe mich fremd verhüllt in meinen Mantel. Ich habe mich herzoglich verhüllt vor ihm. Vornehm habe ich mich eingewickelt. So bin ich in Anfechtung gefallen und schlief. So bin ich tief gefallen und fiel in Schlaf.

Da hat sich der Peter davongemacht. Da lag er allein und hat sich davongemacht. Da hat er sein Gewehr an die Brust gesetzt und hat sich erschossen im Wald und fiel.

Da lag ich und schlief, lag erschossen im Wald und lag auf dem Feld in meinem Blut. Da lagen wir Brüder brüderlich verstreut.

XII.

Paragraph zehn der Kriegsartikel? Feigheit! Wer sich unerlaubt entfernt. Wer seinen Truppenteil verläßt. Fahnenflucht wird mit dem Tode bestraft. Strafe wird mit dem Blute bestraft. Blut wird bestraft. Alles wird bestraft. Da regnete es Strafen. Hagelte es Strafen.

XIII.

Da bin ich in den Wald gegangen und habe den lieben Peter gesucht.

Da habe ich eine Raupe zertreten. Da habe ich eine Schnecke zertreten. Da habe ich den Peter gefunden und habe mich zu ihm gelegt zu seinem Herzen und weinten beide um unsern toten Freund. Da weinten wir freundlich um unsern Freund. Da sind wir alle drei gestorben. Der Pitter, der Peter, der Pierre und ich. Da lagen wir verstorben im Wald. Da lagen wir unter die Büsche verstreut. Da lagen wir brüderlich verstreut im Wald.

Bis zum Abend. Da mußte ich auferstehen.

XIV.

Nun spiele ich immer Auferstehen. Aber ich muß es heimlich tun. Die Brüder sind nicht da. Ich bin allein. Und die Mariandjei hat mich angebunden.

Als ich kam, gab man mir ein Feiertagskleid und alle Türen gingen auf und zu. Aber in letzter Zeit sind viele verschlossen. Es gefällt mir hier nicht mehr.

Auch den Kaiser mag ich nicht mehr leiden.

XV.

Als ich ein Kind war, schlug man mich. Einst hatte ich eine Raupe gefangen, eine große Raupe, auf einem Blatt. Da bliesen die Soldaten vor dem Tor, bunte Husaren ritten ins Manöver.

Hei! wie ich, Knabe, da fröhlich lief! Wie ich da lief! Und im Laufen zertrat ich die Raupe, zertrat auf dem Kies ihren Schlangenleib.

Oh, wie zerkrampfte sich da mein Fuß im Schuh! Oh, wie zerkrampfte sich da mein Herz! Als ich da ausglitt auf ihrem schlüpfrigen Leib, als da der Kies unter meiner Sohle knirschte.

Da warf ich mich in den Wald. Da verging ich im Wald. Da vergrub ich mich unter den Büschen im Wald. Da machte ich keine Schularbeiten mehr — und wurde geschlagen, weil ich die Raupe nicht und nicht die Henkersstelle sehen wollte.

Eigentlich wäre nun d i e s der Anfang. Ja, eigentlich wäre nun dies der Anfang meiner Geschichte. Aber wie soll ich Euch das erklären?

Haben Sie noch nie eine Raupe oder eine Schnecke zertreten? Ein Mäuslein vielleicht? Vielleicht eine kleine Mause-Mutter mit zwei, drei kleinen Mäuslein im Bauch?

XVI.

Die Mariandjei sieht nicht gerne, daß ich schreibe. Ich sollte ihr lieber ein Bildlein malen.

Da habe ich ihr ein Bildlein gemalt. Den Wald habe ich ihr gemalt; unsern Sterbewald. Mit einem schönen Rosenstrauch. Da liegen der Peter und der Pierre, da liegen wir alle drei, wie wir verstarben, wie wir uns da so im Walde verstreuten unter dem Rosenstrauch, so dahingestreut. Und da komme ich nun gegangen. Immer komme ich so durch die Nacht zu uns gegangen, wie wir daliegen und uns beweinen und uns fein brüderlich befreunden. So zwischen den Bäumen durch den Wald komme ich da mit Trost gegangen.

O so freudig in meiner Trauer komme ich da durch den Wald heran. Lautere Freude um die zerwehte Stirne. Und die Sterne immer vor mir her! Wie ein Gleichnis komme ich daher. Tag und Nacht bin ich da der Gleiche.

So hab ich ihr das Bildlein gemalt und habe es ihr auch im Schlafe gewidmet. Mit einem Vers. Den habe ich selbst gemacht.

DAMIT SIE KEIN VERGNÜGEN DARAN HAT.

Tag und Nacht gleiche

Nachtbleiche, Blindschleiche!

Ich mag auch die Mariandjei nicht mehr leiden.

Ich will lieber in unsern Sterbewald! Da warten auf mich, daß ich komme, die lieben Brüder. Ich habe sie so lieb gehabt. Ich habe sie so von Herzen lieb.

XVII.

Ich habe mich wieder verleiten lassen.

Ach, die Verwirrung ist so groß! Ach, wie das Dunkel wächst! Und die Mauern auf allen Seiten!

Man hat mir Stangen vor mein Fenster gegeben. Da soll ich meinen Verstand daran ordnen. Aber die Ordnung schneidet so hart in die Seele.

Ich verzage. Ich glaube verzagen zu müssen. Hilft mir denn niemand? Ich bitte darum.

Ach fände sich doch einer, der mir hilft! Ich glaube, ich kenne die Welt nicht mehr? Und soll sie doch aufbauen, ganz allein. Aber wenn niemand mir helfen will, so mag ich nicht länger der liebe Gott sein.

Ein einziges Wörtlein fällt mir noch ein:

Ich bin n i c h t gegangen — und bin doch schuldig. Ich habe n i c h t getötet und bin doch schuldig.

Vielleicht ist es das? Vielleicht sind wir deshalb hier versammelt? Weil wir es n i c h t getan haben. Weil es die andern lieben Brüder, dieweil wir unschuldig blieben, tun mußten.

Unschuldig! Das ist wohl meine Schuld?

Ach, wie bitter brennt doch die Ordnung! Sichelt so grausam durch die Seele!

Aber Ordnung muß sein, sagt die Mariandjei. Sonst werde ich nie meine Prüfung bestehen.

XVIII.

Nun aber zu Tanz und Musik zurück!

Vielleicht gelingt uns noch einmal ein Blick!

Einen Blick zu tun in die erwünschte Nacht,

Die uns zu Kindern Gottes macht.

(Später aber!)

XIX.

Es traten einige Damen bei mir ein. Ich habe sie nach Kräften unterhalten. Es hieß, meine Mutter wäre darunter. Ich habe sie, nach Kräften, unterhalten. Um Verzeihung gebeten für langweiligen Brief. Kurzweilig gesprochen. (Siehe Goethe!)

Möchte mich zurückziehen, wie Sie sehen. Habe keine Zeit. Bin müde.

Ich habe vielleicht Ihre werte Geduld ein wenig auf die Probe gestellt. Machen Sie sich nichts daraus, meine Damen! Ich mache mir auch nichts daraus, wie Sie sehen. Ich befinde mich hier sehr wohl. Das Zimmer scheint allerdings ein wenig nüchtern. Es scheint allerdings allerlei abhanden gekommen. Bitte immerhin Platz zu nehmen!

Wo waren wir doch gleich stehen geblieben? Ich glaube, die Nacht war angebrochen?

Ach ja, wir wollten uns zurückziehen! Schuldlos wollte ich mich zurückziehen. Dies Zimmer mit meinem Bett vertauschen. Ich erinnere mich, ja, ich erinnere mich.

Herr Tot und lebendig
Literat
Gr. Hurenstraße 12.

Mein kleines Sofa wartet, mein seidenes Sofa. Bitte nur, Platz zu nehmen, meine Damen! So legen Sie doch den Hut ab! Verdammt! Mein Täubchen, legen Sie sich doch ab.

Machen Sie sich nur keine Gedanken! Beunruhigen Sie sich nicht um andere Leute!

Sieh da, sieh da, noch immer der alte Bettler. Noch immer geht er vorüber mit seinen Tieren. Und die Fenster schließen nicht mehr ganz dicht. Man hört das Gewimmer. Schade! Man hört das Gewimmer.

Aber deswegen keine Beängstigung, bitte: Es ist ja nicht unsere Schuld. Wir haben keine. Wir werden uns fleißig die Hände waschen. Mit Geld und guten Worten und so weiter. Wir nehmen uns einen Stellvertreter. Das ist mein neuester Trick. Eine alte Sache.

Jeder schickt eben den andern. Den lieben nächsten, den nächsten besten, den Allernächsten. Je näher, je besser! Je lieber, je besser! Damit man auch was zu weinen hat. Den Bruder vielleicht? Oder sonst irgendeinen? Und haben wir keinen, so machen wir einen. Die Welt darf nicht zugrunde gehen! Ich werde Ihnen ein Kind machen, wenn Sie erlauben. Einen Sohn werden wir uns machen, einen kleinen Bruder. Der liebe kleine Bruder mag für uns gehen! Den lieben kleinen Bruder werden wir schicken. Der soll für uns den Peter erschlagen. Der mag sich das Blut von den Händen pissen!

So kommen Sie nur auf mein zartes Sofa! Da lassen wir flink den Vorhang herunter und spielen fleißig Papa und Mama. Das Brüderlein mag die Schuld auf sich nehmen.

Das steht vor seinem Hauptmann und sagt: „Jawoll!“ Ei, da wird es umhergeschwenkt! Ei, da fliegen die Befehle! Da regnet es Strafen. Da hagelt es Strafen.

Wir aber ziehen uns leise zurück. Wir ruhen so süß an unserer Brust. Komm doch, mein Täubchen! Laß länger mich nicht warten! Komm nur, du liebenswerte Sau, der Kaiser braucht Soldaten!

XX.

Die Mariandjei ist auch nicht mehr da. Man hat mir alles fortgenommen. Nur noch die Stäbe sind da. Die Ordnungsstangen. Mich in Ordnung zu halten, damit ich nicht falle. Damit ich nicht in Versuchung falle.

XXI.

Wenn ich nur einmal noch aufgeklärt würde! Ein wenig auferleuchtet, ein wenig erhellt!

Ich muß noch etwas vergessen haben? Es war gewiß eine wichtige Sache. Etwas zu sagen oder etwas zu tun. Ich fürchte, es blieb noch etwas zu tun!

Lieber Gott! So fing es an. Aber wie mag es weiter gehen?

Lieber Gott! Mache mich fromm! Komm Karline, komm!

Ich habe solche Angst, ich könnte sterben.

XXII.

Ich wollte erzählen, wie ich schuldig war. Ich wollte erzählen, wie ich unschuldig war. Aber das wichtigste habe ich vergessen. Ich wußte noch etwas. Das war so wichtig! Kann es von Euch mir denn nicht einer sagen? Ich bitte doch so herzlich darum.

Was war es doch nur?

Was mag es doch nur gewesen sein?

9 789356 780491

Printed at Repro India Ltd.